EL RITMO CONTINÚA

EDICIÓN PATHFINDER

Por Nancy Finton

CONTENIDO

EL RITMO

Tu corazón late 100,000 veces al día. Cada latido le da a tu cuerpo el oxígeno que necesita para sobrevivir. Pero, ¿qué ocurre cuando el corazón no hace bien su trabajo?

POR NANCY FINTON

Respira. En segundos, el oxígeno que inhalaste está recorriendo todo tu cuerpo.

El oxígeno es transportado por veloces ríos de sangre. ¿Qué impulsa ese torrente sanguíneo? Siente la respuesta tú mismo. Solo pon tu mano sobre tu pecho. Bajo la piel y los huesos hay un músculo que late y bombea: tu corazón.

CONTINÚA

MÚSCULO PODEROSO

Los corazones trabajan duro. Tu corazón late unas 90 veces por minuto. Cada minuto, de hecho, esta central de energía bombea todo el suministro de sangre de tu cuerpo. Eso es aproximadamente 100.000 latidos al día y unos 2500 millones de latidos en toda tu vida. Cada latido envía oxígeno y células que combaten enfermedades por todo tu cuerpo.

¿Cómo ocurre esto? La próxima vez que estés en una piscina, aprieta una mano contra la otra. Observa cómo el agua salta hacia arriba. El corazón hace básicamente lo mismo. Cada vez que se contrae o aprieta, el agua es lanzada a chorros por unos tubos llamados **vasos sanguíneos**.

Los vasos sanguíneos son de tres tipos. Las **arterias** transportan la sangre desde el corazón. Se ramifican en tubos más y más pequeños. Los más pequeños se llaman capilares. Los **capilares** tienen paredes delgadas. Así que el oxígeno y otros materiales pueden viajar desde la sangre hacia las células, en donde se necesitan. Las **venas** traen sangre "usada" de regreso al corazón.

CORAZONES ROTOS

La mayoría de los niños tiene corazones saludables. Los problemas suelen ocurrir años después, cuando algunas partes de esta "máquina" de bombeo se desgastan o se bloquean con grasa.

Pero hay corazones que necesitan ayuda más pronto que eso. Algunos bebés nacen con problemas de corazón. A veces hay un agujero por el cual se derrama la sangre. Otras veces, algunas partes del corazón se han formado incorrectamente o están ausentes. Como si fueran mecánicos expertos en salvar vidas, los médicos intervienen para mejorar, reparar e incluso reemplazar los corazones que no funcionan bien.

Anímate. *Diez años después de su trasplante de corazón, Brian Whitlow es el portero de su equipo de lacrosse de la universidad. Se especializó en salud en la Universidad Estatal de Chico en California. Planea trabajar con niños en un hospital universitario.*

¡ALGO FALTA!

Los corazones saludables tienen cuatro cámaras o secciones. Las dos cámaras superiores, llamadas **aurículas**, reciben sangre de las venas. Los **ventrículos**, o secciones inferiores, bombean sangre a las arterias.

Al menos, así debería ser. Pero la vida de Brian Whitlow empezó de forma distinta. "Nací solamente con un ventrículo", dice. El corazón de Brian no podía bombear sangre a sus pulmones para obtener oxígeno.

Pero la madre de Whitlow no se rindió. Ni tampoco lo hicieron sus médicos. Cuando Brian tenía tan solo unas semanas de vida, los cirujanos le hicieron una operación.

"No podemos reconstruir cámaras que no han crecido", dice el Dr. Daniel Bernstein, uno de los médicos pediatras de Whitlow. En vez, los cirujanos reacomodaron sus vasos sanguíneos para que no pasaran por el lugar donde faltaba la cámara.

Luego de la operación, la sangre de Whitlow iba directamente a sus pulmones. Allí obtenía el oxígeno y fluía de regreso a su corazón. El único ventrículo de Whitlow luego enviaba sangre rica en oxígeno efusivamente a todo su cuerpo.

Eso funcionó muy bien, dice Whitlow. "Hice todas las cosas normales. Incluso jugué en la pequeña liga de béisbol." Luego, las cosas cambiaron.

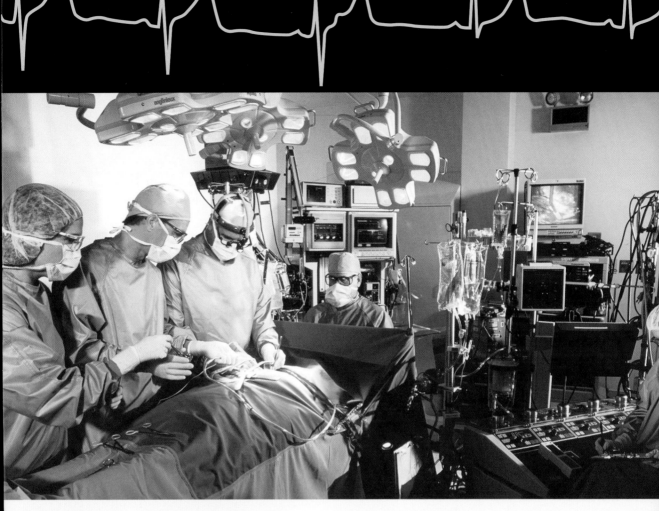

Salvavidas. *Los nuevos dispositivos, procedimientos y medicinas han reducido en gran medida los riesgos de una cirugía cardíaca.*

EL REGALO DE LA VIDA

Cuando Whitlow cumplió 14 años, su corazón emparchado ya estaba demasiado cansado y débil para mantener su cuerpo fuerte. "Tenía problemas para correr y me veía obligado a dormir siestas todo el tiempo", recuerda.

Los médicos recomendaron un **trasplante** de corazón. Eso ocurre cuando se tiene que reemplazar una parte dañada del cuerpo. Los corazones "nuevos" vienen de personas que aceptaron donarlos después de morir. "Es dura la idea de que alguien tenga que morir para que tú puedas vivir", dice Whitlow. "Pero darle a alguien el don de la vida es simplemente maravilloso."

Ese don tardó cierto tiempo en llegar. Cada año, unas 35.000 personas en este país necesitan trasplantes de corazón. Solo hay un pequeño número de reemplazos disponibles. Así que Whitlow esperó un mes, luego otro, luego otro.

LA LARGA ESPERA

Jessica Melore sabe bien cómo se sentía Brian Whitlow. Ella tuvo un infarto a los 16 años. Su ventrículo izquierdo quedó destruido. Melore necesitaba un nuevo corazón. Pero, ¿conseguiría uno a tiempo?

Felizmente, los científicos han inventado máquinas que pueden ayudar a los pacientes como Melore a llevar vidas normales durante la larga espera. Los cirujanos adhirieron un dispositivo del tamaño de una dona al corazón de Melore. Impulsado por baterías, realizaba el bombeo que hubiera hecho el ventrículo izquierdo.

La bomba artificial le permitió a Melore terminar la secundaria e ingresar a la universidad. Cuatro días antes de la graduación, los médicos le informaron que habían encontrado un corazón para ella. Melore se perdió la graduación con su clase, pero dice: "El corazón fue un buen regalo de graduación".

Contando sus historias

Actualmente, Brian Whitlow y Jessica Melore son estudiantes universitarios sanos. Han recibido bastante atención. Han aparecido en programas de debate y han sido entrevistados. Los periódicos y revistas han escrito acerca de ellos.

Ambos estudiantes esperan que sus extraordinarias historias inspiren a otros. Les gustaría que más gente coordine la donación de sus órganos después de la muerte. "Realmente necesitamos más donantes de órganos", dice Melore. Se sabe poco de este tema.

Whitlow y Melore también quieren ayudar a otros niños que se enfrentan a obstáculos. "Enfóquense en las cosas positivas de su vida", le dice Jessica al público joven. "No puedes cambiar el pasado, así que aprovecha al máximo tu futuro."

Tienen mucho Corazón

Volvamos a Brian Whitlow. En total esperó 13 meses para recibir un nuevo corazón. Finalmente los médicos llamaron con buenas noticias. Había un corazón disponible para él. Ya que los corazones no pueden vivir por largo tiempo fuera del cuerpo, Whitlow se apuró a ir al hospital.

En la sala de operaciones, los médicos conectaron a Whitlow a una máquina que agrega oxígeno a la sangre cuando el corazón no está funcionando. Luego, sacaron su corazón dañado y pusieron el nuevo corazón en su lugar.

Whitlow se recuperó rápidamente. "Me operaron y el siguiente octubre ya había empezado a jugar básquetbol en la escuela secundaria", dice. Pero la recuperación no fue fácil.

"Me mudé a una nueva escuela secundaria después del trasplante", recuerda Whitlow. "Estaba tomando medicinas y aumenté 70 libras de peso. Los niños se burlaban de mí y eso era difícil. Tenía que repetirme a mí mismo que ellos no conocían mi historia".

Actualmente, Whitlow está en el equipo de lacrosse de su universidad. "Mis compañeros de equipo me fastidian diciéndome que soy lento, porque yo me demoro un poquito más en calentarme", dice. Pero ahora sabe que solo lo hacen para molestarlo. "El año pasado, me otorgaron el título de jugador más inspirador. Eso me hizo sentir bien."

VOCABULARIO

arteria: tubo que transporta la sangre desde el corazón

aurícula: cámara superior del corazón (plural: aurículas)

capilar: vaso sanguíneo más pequeño del cuerpo

trasplante: reemplazo de una parte dañada del cuerpo de una persona con una parte sana de otra persona

vaso sanguíneo: tubo que transporta sangre

vena: tubo que transporta la sangre hacia el corazón

ventrículo: cámara inferior del corazón

Un corazón solidario

Cada año, miles de personas esperan un trasplante de corazón. Pero solo hay 2000 corazones donados disponibles. Así que las máquinas les salvan la vida a muchas personas. Una máquina ayuda a que el propio corazón de una persona bombee sangre. Otra (abajo), tiene el propósito de reemplazar un corazón humano.

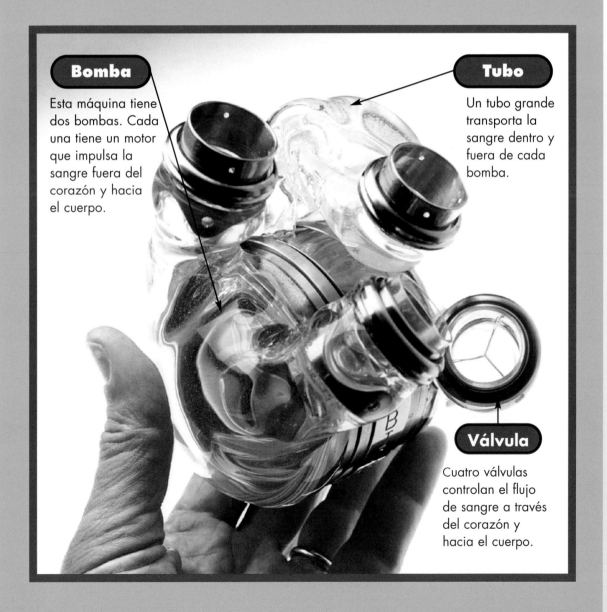

Bomba

Esta máquina tiene dos bombas. Cada una tiene un motor que impulsa la sangre fuera del corazón y hacia el cuerpo.

Tubo

Un tubo grande transporta la sangre dentro y fuera de cada bomba.

Válvula

Cuatro válvulas controlan el flujo de sangre a través del corazón y hacia el cuerpo.

Tu sistema circulatorio

CONOCÍENDOLO

Tu cuerpo necesita oxígeno para sobrevivir. La tarea del sistema circulatorio es proveer oxígeno a todas las partes de tu cuerpo. Este sistema incluye tu corazón, varios cuartos de sangre y más de 60.000 millas de vasos sanguíneos.

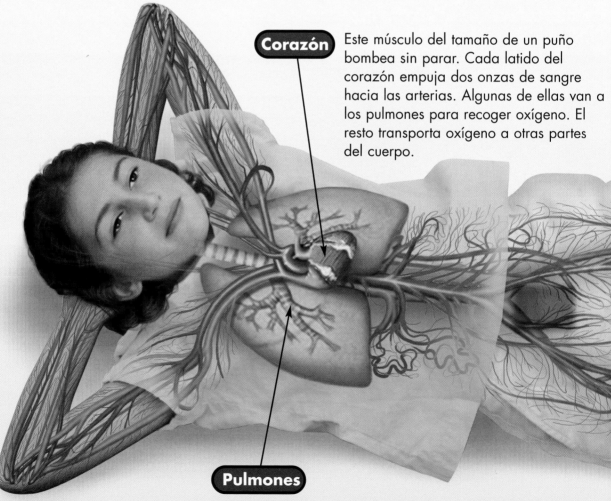

Corazón

Este músculo del tamaño de un puño bombea sin parar. Cada latido del corazón empuja dos onzas de sangre hacia las arterias. Algunas de ellas van a los pulmones para recoger oxígeno. El resto transporta oxígeno a otras partes del cuerpo.

Pulmones

Estos dos órganos toman el oxígeno del aire que respiras. La sangre bombeada a los pulmones recoge luego el oxígeno.

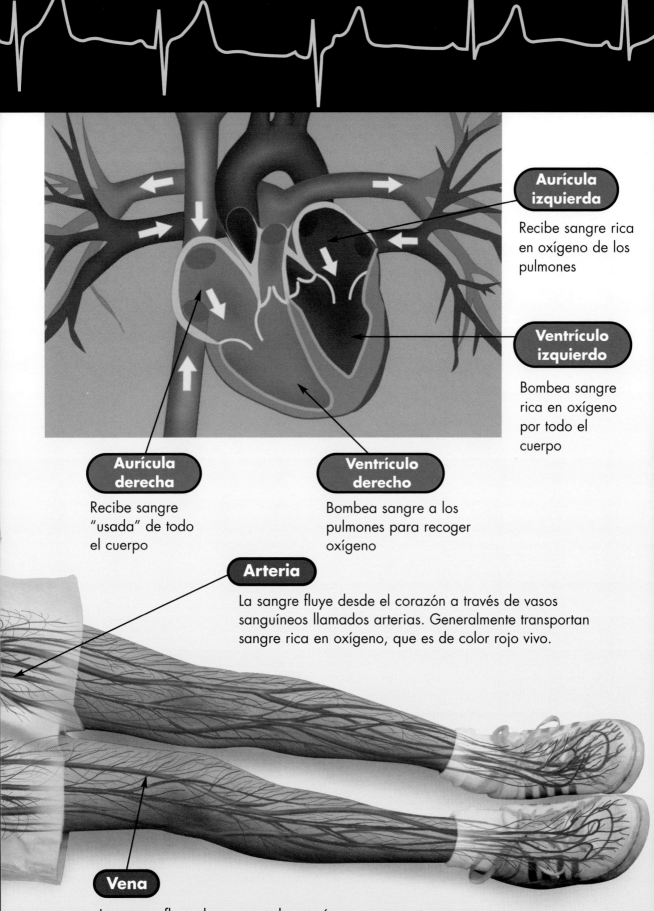

Aurícula izquierda

Recibe sangre rica en oxígeno de los pulmones

Ventrículo izquierdo

Bombea sangre rica en oxígeno por todo el cuerpo

Aurícula derecha

Recibe sangre "usada" de todo el cuerpo

Ventrículo derecho

Bombea sangre a los pulmones para recoger oxígeno

Arteria

La sangre fluye desde el corazón a través de vasos sanguíneos llamados arterias. Generalmente transportan sangre rica en oxígeno, que es de color rojo vivo.

Vena

La sangre fluye de regreso al corazón a través de vasos sanguíneos llamados venas. La sangre "usada" tiene color oscuro.

BOMBEANDO SIN PARAR

Cada latido de tu corazón bombea sangre a través de tu cuerpo. Esa sangre está cargada de oxígeno. Cuando te ejercitas, tu cuerpo necesita más sangre rica en oxígeno para seguir moviéndote. Así que, cuando estás activo, tu corazón realmente bombea sin parar.

¿Cómo afecta el ejercicio a los latidos de tu corazón? Averígualo haciendo este experimento fácil. Quizás sea mejor que trabajes en pareja.

Predice

1 ¿El ejercicio hará que tu corazón lata más o menos?

Prueba

2 Coloca dos dedos en tu muñeca. Encuentra un lugar donde sientas una especie de latido. Ese es tu pulso. Cada latido representa un latido del corazón.

3 Cuenta cuántos latidos sientes en 30 segundos. Anota el número.

4 Ahora corre en el lugar tan rápido como puedas durante dos minutos.

5 Tan pronto como termines, coloca dos dedos en tu muñeca y cuenta tu pulso otra vez. ¿Cuántas veces late en 30 segundos ahora?

Concluye

6 ¿Tu corazón latió más o menos después de haber hecho ejercicio?

7 ¿Por qué cambió el latido de tu corazón cuando hiciste ejercicio?

EL CORAZÓN HUMANO

Es hora de averiguar lo que has aprendido sobre el corazón humano.

1 ¿Cómo hace el corazón para transportar la sangre por todo tu cuerpo?

2 ¿Cuál es la diferencia entre las arterias y las venas?

3 ¿Qué hacen las aurículas y los ventrículos?

4 ¿Cómo ayuda un corazón artificial temporal a que la gente sobreviva ?

5 ¿Cómo pueden inspirar a otras personas las historias sobre los trasplantes de corazón?

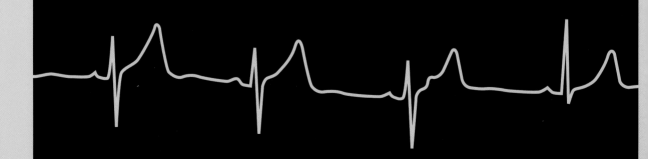